Non-Fictie Titels door Janvier T.Chando

ONDANKS HEN: Het Tweetermijnpresidium van Donald Trump
GEVALLEN HELDEN: Afrikaanse Leiders Wiens Moorden het...
OEKRAÏNE: De Touwtrekwedstrijd tussen Rusland en het Westen
DE CANARIS IN EEN KOLENMIJN-EFFECT: De moorden...
KAMEROEN: De Achtervolgd Hart van Afrika

Fictie Titles van Janvier Chando

De Usurpator: en Andere Verhalen
Driedubbele Agent, Dubbel Kruis
Discipelen van Fortuin
De Union Muzhik
Het Meisje op de Spoor
Flits van de Zon
Fortuin Roept
Meester van Fortuin
Kinderen van Fortuin
De Norilsk Beren
Mij Vóór Hen
De Vuur en Ijs Legende
De liefste Waanzin
De Grootmoeders
Het Honger Vuur
De Tinten van Vuur
Vader en Zonen
De Dokter
Donkere Tinten
De Noodlottige Relaties
Het Vonnis van Hades
De Rechtszaak van Zijne Majesteit
De Dwaasheid van NgokoDe Usurpator
De Bruidsschat
Ik ben Gehaat
Het Pummel

Aankomende Titels door Janvier Chando

De Witte Valk
De Norilsk Beren
De Thuis Zwervers
De Sterfelijke Vrienden

I0766345

DE DOOD DIE HET HART VAN AFRIKA HEEFT GEWURGD:

De Dehumaniserende Moord op Patrice Lumumba van Congo
en de Ontsporing van de Voormalige Belgische Kolonie

Janvier T. Chando

TISI BOOKS

NEW YORK, RALEIGH, LONDEN, AMSTERDAM

GEPUBLICEERD DOOR TISI BOOKS

DE DOOD DIE HET HART VAN AFRIKA HEEFT GEWURGD:
De Dehumaniserende Moord op Patrice Lumumba van Congo en
de Ontsporing van de Voormalige Belgische Kolonie
© 2019 door Janvier Chando

Alle rechten voorbehouden. Niets uit dit boek mag worden gereproduceerd, opgeslagen in een ophaalsysteem of in enige vorm of op enige wijze worden overgedragen zonder voorafgaande schriftelijke toestemming van de uitgevers, behalve door een recensent die korte passages kan citeren in een recensie die in een krant moet worden afgedrukt , tijdschrift of dagboek.

ISBN-13: 978-1-6993-0390-0

ISBN-10: 1-6993-0390-8

GEPUBLICEERD DOOR TISI BOOKS

www.tisibooks.com

NEW YORK, RALEIGH, LONDEN, AMSTERDAM

Gedrukt in de Verenigde Staten van Amerika

Erkenning

Speciale woorden van waardering aan Aunty Anna Mapajane Chitja voor het introduceren van mij in de erfenis van Lumumba.

Toewijding

Het boek is opgedragen aan alle iconische en legendarische leiders wiens doel was om de mensheid te dienen en het welzijn van de mensdom te bevorderen, vooral degenen die door hun kwaadaardige krachten in deze wereld werden afgebroken in hun historische missies.

DE DOOD DIE HET HART VAN AFRIKA HEEFT GEWURGD:

De Dehumaniserende Moord op Patrice Lumumba van Congo
en de Ontsporing van de Voormalige Belgische Kolonie

CITATEN VAN PATRICE LUMUMBA

“De kolonialisten geven niets om Afrika om haar eigen bestwil. Ze worden aangetrokken door Afrikaanse rijkdommen en hun acties worden geleid door de wens om hun belangen in Afrika te beschermen tegen de wensen van het Afrikaanse volk. Voor de kolonialisten zijn alle middelen goed als ze hen helpen deze rijkdommen te bezitten. '

“De dag zal komen dat de geschiedenis zal spreken. Maar het zal niet de geschiedenis zijn die wordt onderwezen in Brussel, Parijs, Washington of de Verenigde Naties ... Afrika zal zijn eigen geschiedenis schrijven en in zowel het noorden als het zuiden zal het een geschiedenis van glorie en waardigheid zijn. "

"Politieke onafhankelijkheid heeft geen betekenis als het niet gepaard gaat met snelle economische en sociale ontwikkeling."

"Zonder waardigheid is er geen vrijheid, zonder gerechtigheid, er is geen waardigheid, en zonder onafhankelijkheid zijn er geen vrije mensen."

"Een minimum aan comfort is noodzakelijk voor het beoefenen van deugdzaamheid."

"Het enige dat we voor ons land wilden, is het recht op een waardig leven, waardigheid zonder pretenties, op onafhankelijkheid zonder beperkingen. Dit was nooit de wens van de Belgische kolonialisten en hun westerse bondgenoten ... "

"Deze divisies, die de koloniale machten altijd beter hebben uitgebuit om ons te domineren, hebben een belangrijke rol gespeeld — en spelen die rol nog steeds — in de zelfmoord van Afrika."

"We weten dat Afrika noch Frans, noch Brits, noch Amerikaans, noch Russisch is, dat het Afrikaans is. We kennen de objecten van het Westen. Gisteren hebben ze ons verdeeld op het niveau van een stam, clan en dorp ... Ze willen antagonistische blokken, satellieten maken ... "

"Niemand is perfect in deze imperfecte wereld."

"Afrikaanse eenheid en solidariteit zijn geen dromen meer. Ze moeten worden uitgedrukt in beslissingen."

INHOUD

KAARTEN

Congo op een Wereldkaart

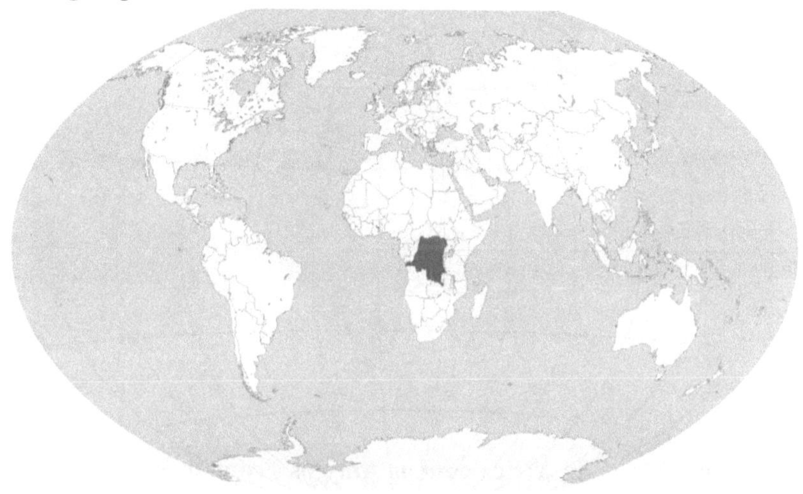

Administratieve kaart van Congo (1960)

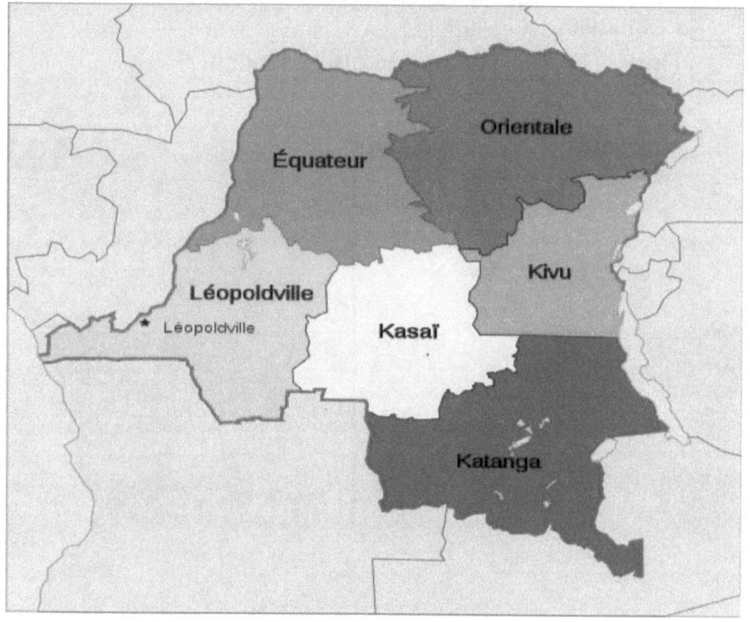

Partitie Kaart van Afrika

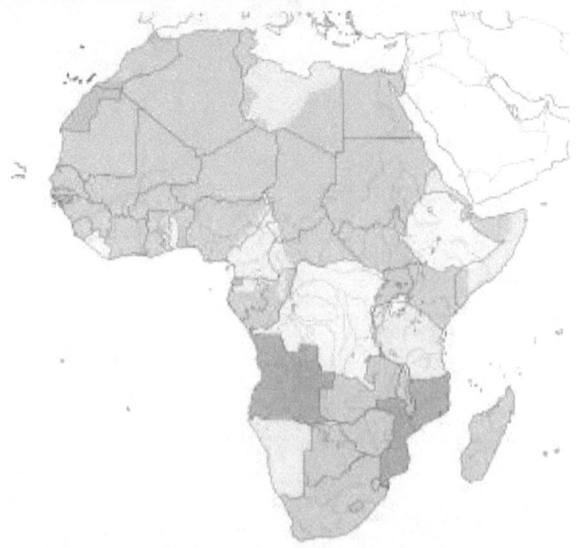

Atual Mapa da África com as Antigas Fronteiras Coloniais

☐ Belgisch	☐ Italiaans		
☐ Brits	☐ Portugees		
☐ Francaise	☐ Spaans		
☐ Duits	☐ Onafhankelijke landen		

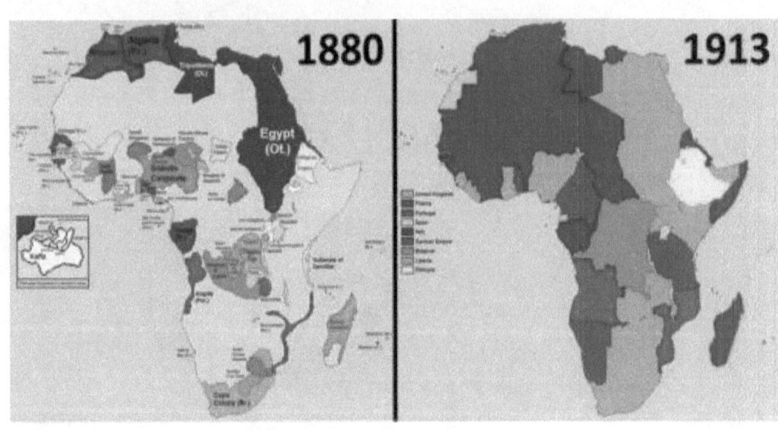

Administratieve kaart van de Democratische Republiek Congo (2019)

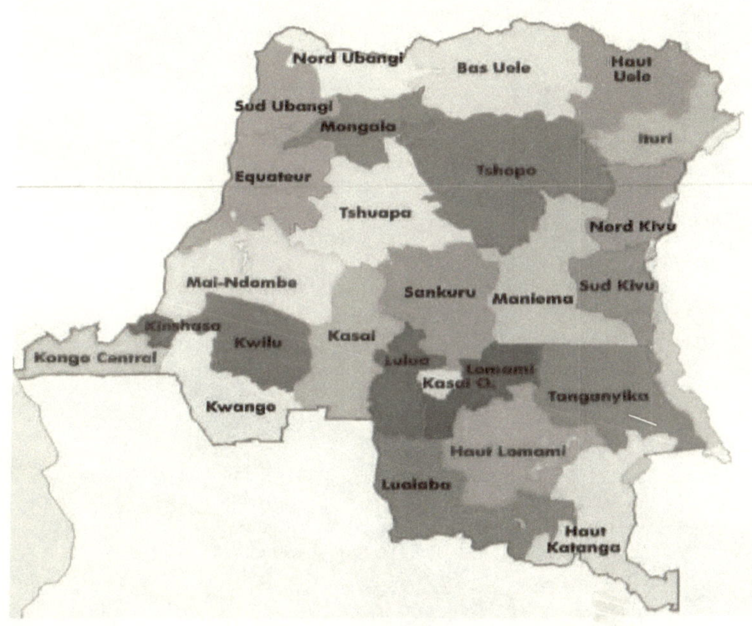

De Natuurlijke Hulpbronnen van de Centraal-Afrikaanse Regio

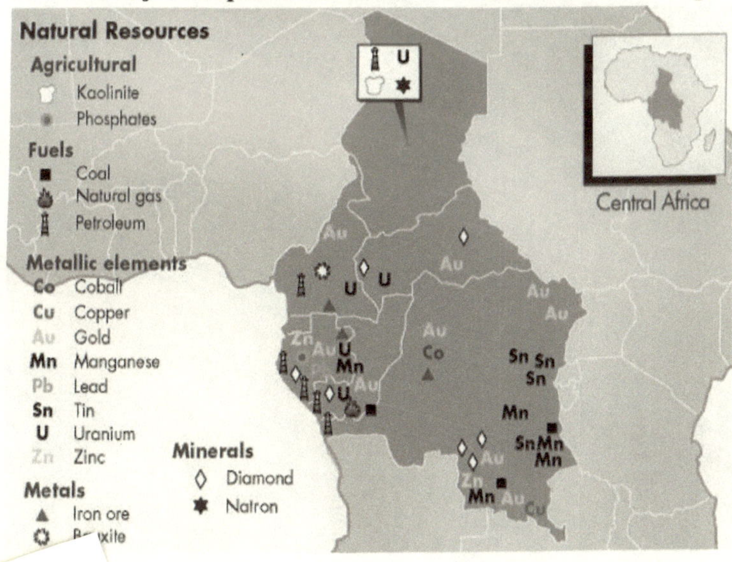

Politieke Kaart van Afrika

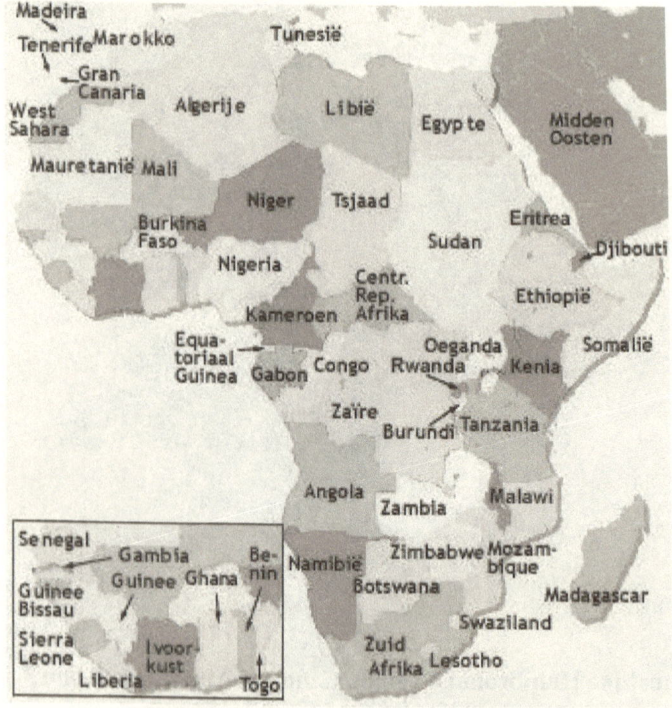

INVOERING

In mijn zoektocht naar het antwoord op de vraag waarom bepaalde geopolitieke vlampunten in de wereld bestaan, in mijn nieuwsgierigheid naar de reden (en) waarom sommige landen en de wereld in het algemeen plotselinge en dramatische veranderingen hebben ondergaan die hebben geleid tot oorlog, instabiliteit of een heroriëntatie van hun binnenlands en buitenlands beleid dat niet alleen deze landen trof, maar ook bepaalde regio's of de hele wereld beïnvloedt, heb ik de afgelopen tientallen jaren politieke moorden onderzocht die onze wereld hebben veranderd. Met onze wereld bedoel ik onze gemeenschappen, landen, regio's en de mensheid als geheel.

Bij de behandeling van de verschillende moorden die in de loop van de jaren plaatsvonden, gebruikte ik een benadering die wordt gekenmerkt door politieke sociologie, waarbij ik bondig de historische en sociale factoren analyseerde die niet alleen tot de moorden hebben geleid, maar die ook zijn voortgekomen uit het vermoorden van deze historische figuren. En op basis van deze factoren krijgen we een idee of foto's te zien van hoe de getroffen samenleving is geëvolueerd sinds de traumatische gebeurtenis (sen).

Uit de terugslag die volgden op de moord op historische, legendarische of iconische figuren, kunnen we iets nuttigs leren en scenario's bedenken of wat we als calamiteiten kunnen verwachten als bepaalde leiders worden vermoord, en dus dienovereenkomstig handelen in het voorkomen van hun moorden.

Hoofdstuk Een

Patrice Lumumba

Syrië is erg geneg, het is a behoorlijk verschrikkelijke gruweldaad. Maar er zijn veel ergere op de wereld. Dus bijvoorbeeld, the most abundant in het afgelopen decennium were in Congo, Oost-Congo, waar misschien 5 miljoen mensen zijn gedood.

Noam Chomsky — 8 Oktober 2013

Patrice Lumumba kort voor zijn Dood

De moord op 17 Januari 1961 van Patrice Lumumba, de eerste democratisch gekozen premier van wat tegenwoordig de Democratische Republiek Congo (DRC) is, wordt door veel Afrikanen beschouwd als "de belangrijkste moord op de 20e eeuw" omdat het niet alleen verwoestte het land, maar het polariseerde en verlamde ook Afrika, wat resulteerde in een verdeeldheid dat het continent is nog naar herstellen van . Deze gruwelijke misdaad was het hoogtepunt van twee onderling gerelateerde moordaanslagen door elementen binnen de Amerikaanse en Belgische regeringen die gebruik maakten van Congolese handlangers en een Belgische executieteam om de moord op de leider van deze jonge natie in het hart van Afrika dat net onafhankelijk werd van België op 30 Juni 1960.

Historici, sociologen en geopolitieke experts zijn het er allemaal over eens dat Congo het meest getraumatiseerde land in Afrika en de wereld is, en dat van alle wreedheden die Congo in zijn misbruikte geschiedenis heeft meegemaakt, de moord op Patrice Lumumba de wreedste daad was. In feite wordt het terecht gezien als de oorspronkelijke zonde van het land.

De moord vond plaats minder dan zeven maanden na de onafhankelijkheid van dit grondgebied dat 7,7% van de landmassa van Afrika beslaat. De moord veranderde in een struikelblok in de hoop op de implementatie van de verheven idealen van de Congolese nationale eenheid, materiële welvaart, democratie, economische onafhankelijkheid, vrijheid en pan-Afrikaanse solidariteit waar Lumumba voor stond. Wat vooral niet over het hoofd kan worden gezien, is het feit dat zijn moord een vernietigende klap was voor de hoop, dromen en ambities van miljoenen Congolezen, en het desillusioneerde een nog groter aantal Afrikanen over het continent.

Het feit dat een van de grootste universiteiten van de Sovjet-Unie — de Peoples 'Friendship University van Rusland — die werd opgericht op 5 Februari 1960 werd omgedoopt tot' The Patrice Lumumba University 'op 22 Februari 1961, en het feit dat deze instelling voor hoger onderwijs ging bijna honderdduizend buitenlanders opleiden, de meeste Afrikanen, benadrukt de historische betekenis van de dood van de jonge Afrikaan in Afrika en de rest van de wereld tijdens de Koude Oorlog.

Het blijkt dat het historische belang van de moord ligt in een veelvoud van factoren, waarvan de meest relevante destijds waren gebaseerd op:

- de wereldwijde context waarin het plaatsvond (president Eisenhower machtigde de moord en de CIA voerde zijn ontvoering en overdracht uit; de Verenigde Naties, haar secretaris-generaal Dag Hammarskjöld, de Sovjetunie en de Britse M16 waren betrokken bij de tragedie; en de Belgen regisseerden zijn moord en die van zijn twee medewerkers voordat ze later van de lichamen afkwamen door ze op te graven en op te lossen in zwavelzuur, en vervolgens de botten te malen en te verspreiding)
- de impact ervan op de Congolese politiek sindsdien,
- en Lumumba's algehele erfenis als burger-nationalistische leider en pan-Afrikanistische icoon. Hij werkte immers samen met Félix Moumié, de leider van de Kameroenese bevrijdingsbeweging die de Franse geheime dienst (SDECE) vergiftigde in Genève, Zwitserland op 3 November 1960.

Hoofdstuk Twe

Een vraag die veel voorkomt in de geopolitieke sfeer is deze:

Waarom zijn de VS, Groot-Brittannië, Frankrijk en België betrokken geraakt bij de moord op de eerste democratisch gekozen leider van Congo?

Het begon allemaal in April 1884, zeven maanden vóór het congres van Berlijn, toen de Verenigde Staten van Amerika het eerste land ter wereld werden dat de claims van de Belgische koning Leopold II op het grondgebied van het Congobekken erkende. Deze gebieden werden bekend als de Congo Free State. Koning Leopold II regeerde het als zijn privébezit, gebruikmakend van een klein kader van blanke beheerders die uit heel Europa waren getrokken.

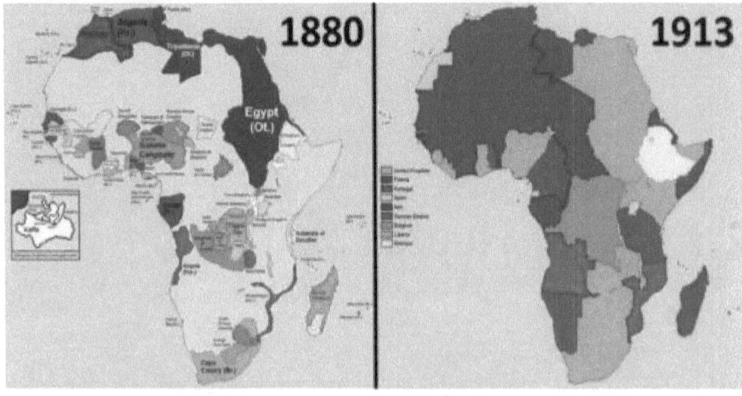

De Congo Free State maakte van Koning Leopold een van de rijkste vorsten ter wereld, een buitengewone prestatie gezien het feit dat hij de koning van België was, wat zo'n klein land was in de buurt van machtige geopolitieke entiteiten zoals de Britten, Duitsers, Russische en Oostenrijks-Hongaarse rijken. Maar de rijkdom van de Belgische koning werd verzameld tegen enorme kosten voor de inheemse Afrikaanse bevolking die gedwongen werd onbetaalde arbeid te leveren die niet anders was dan slavernij, in de exploitatie van de minerale, bos- en landbouwbronnen van het land voor de Belgische monarch. Toen de wreedheden in verband met de brutale economische uitbuiting in Congo Free State van Koning Leopold II echter resulteerden in miljoenen dodelijke slachtoffers, sloten de Verenigde Staten zich aan bij andere wereldmachten en dwongen de Belgische staat om de Congo Free State als een reguliere kolonie over te nemen en te stoppen het vermoorden en verminken van de inheemse Congolese bevolking, een genocide op zich.

Pas nadat Congo werd omgevormd tot een reguliere

kolonie, verwierven de Verenigde Staten van Amerika een strategisch belang in de enorme natuurlijke rijkdom van het gebied. In feite gebruikten de VS het uranium uit Congolese mijnen om de eerste atoomwapens te produceren die werden gebruikt in de Japanse steden Hiroshima en Nagasaki, wat leidde tot een abrupt einde van de Tweede Wereldoorlog in de Stille Oceaan.

Het strategische belang van hulpbronnenrijk Congo in het bijzonder, en hulpbronnenrijk Afrika in het algemeen, vooral om de geallieerden te helpen de Tweede Wereldoorlog te winnen, werd later een vloek toen het continent onafhankelijkheid van zijn koloniale meesters zocht. Dit was in een tijd dat de Koude Oorlog de geopolitiek domineerde. Amerika en zijn westerse bondgenoten besloten de onafhankelijkheid van de koloniën in orde te maken, maar niet het soort onafhankelijkheid dat de rest van de wereld kende. De westerse mogendheden waren niet bereid om de bevolking van de Afrikaanse koloniën effectieve controle te geven over de strategische grondstoffen op hun grondgebied, uit angst dat deze activa in handen zouden vallen van de landen van het Sovjet- of communistische kamp. Dat was de reden waarom westerse belangen een bedreiging zagen in de vastberadenheid van Patrice Lumumba om echte onafhankelijkheid voor Congo te bereiken en om volledige controle te krijgen over de middelen van het land voor gebruik bij de ontwikkeling van de babynatie en bij het verbeteren van de levensomstandigheden van het Congolese volk.

De Natuurlijke Hulpbronnen van de Centraal-Afrikaanse Region

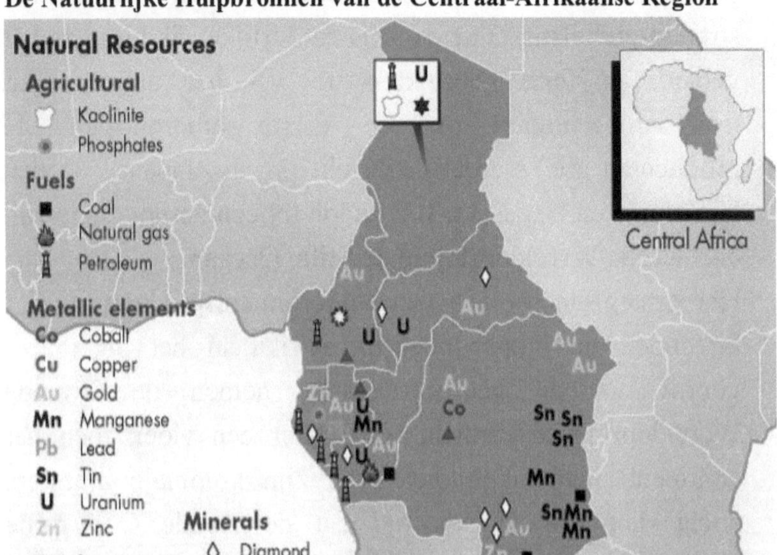

Om Patrice Lumumba te stoppen, hebben de Verenigde Staten van Amerika en België geen steen onberoerd gelaten, waaronder het gebruik van het secretariaat van de Verenigde Naties onder Dag Hammarskjöld en Ralph Bunche, het kopen van de steun van de Congolese rivalen van Lumumba, het tot zwijgen brengen van enkele Afrikaanse leiders die voorstander zijn van Lumumba en het pan-Afrikanistische doel dat hij deelde, en het kopen van de diensten van huurmoordenaars (huurlingen) om het obstakel voor hun soepele controle over Congo weg te nemen, een land dat ze wilden niets anders zijn dan quasi-onafhankelijke staat ondergeschikt aan de westerse leiders en westerse belangen.

Hoofdstuk Drie

Meteen na het verlenen van onafhankelijkheid aan Congo op 30 Juni 1960, ondermijnden België en zijn westerse bondgenoten de stabiliteit van de zuigelingennatie door het aanmoedigen van een gewelddadige oppositie tegen de regering van Lumumba, met behulp van door Congo gesteunde westerse politici. In December 1960 was Congo feitelijk onder vier afzonderlijke regeringen, waarvan drie onder de duim van de anti-Lumumba-facties die werden gesteund door Westerse mogendheden. Deze waren:

- de centrale overheid in de Congolese hoofdstad Léopoldville (Kinshasa)

- een rivaliserende centrale overheid opgericht door de volgelingen van Lumumba in Stanleyville (Kisangani)
- een secessionistisch regime in de mineraalrijke provincie Katanga onder leiding van Moise Tshombe
- en een ander secessionistisch bestuur in de provincie Zuid-Kasai onder leiding van Albert Kalonji.

Met de moord op Lumumba een half jaar na de toekenning van onafhankelijkheid aan Congo, met de verwijdering van wat de westerse geopolitieke spelers als de grootste bedreiging voor hun belangen in het nieuwe land beschouwden, België, Groot-Brittannië, Frankrijk en de Verenigde Staten leidden internationale inspanningen geleverd om het gezag van het gematigde en pro-westerse regime in Kinshasa over heel Congo te verspreiden. Het was een tweeledige strategie waarbij het nieuwe, door het Westen gecreëerde Congolese leger onder bevel van het door de westerse regering van Mobutu Sese Seko geleide regime en het gebruik van vredeshandhavers van de Verenigde Naties werd gebruikt. De strategie was zo effectief dat het Lumumbistische bolwerk in het oosten van het land rond Kisangani, viel in Augustus 1961. De regio Zuid-Kasai capituleerde in September 1962 en de afscheiding van de regio Katanga werd in Januari 1963 omgekeerd.

De Congo-crisis van 1960-1961

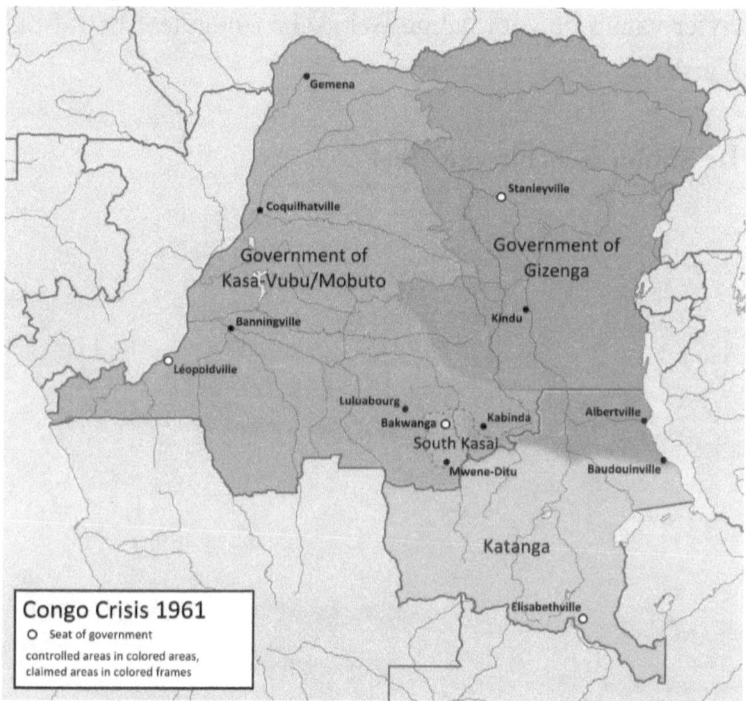

Nadat ze het nieuwe onafhankelijke Congo hadden verwoest om Lumumba te ondermijnen, nadat ze Lumumba hadden vermoord en een marionettenregering hadden geïnstalleerd, en vervolgens geleid het opnieuw de land te verenigen en te stabiliseren, waren de westerse mogendheden verrast toen een radicale sociale beweging voor een 'tweede onafhankelijkheid' ontstond, die de neokoloniale staat en zijn pro-westers leiderschap uitdaagt. Het was een massale beweging van arbeiders, lagere ambtenaren, stedelijke werklozen, boeren en studenten. Ze werden geleid door Lumumba's luitenanten, van wie de meesten zich hadden hergroepeerd in de voormalige Franse

Congolese hoofdstad Brazzaville, tegenover de Congo-
rivier vanuit de voormalige Belgische Congolese hoofdstad
Kinshasa.

De Simba-Rebellie van 1964

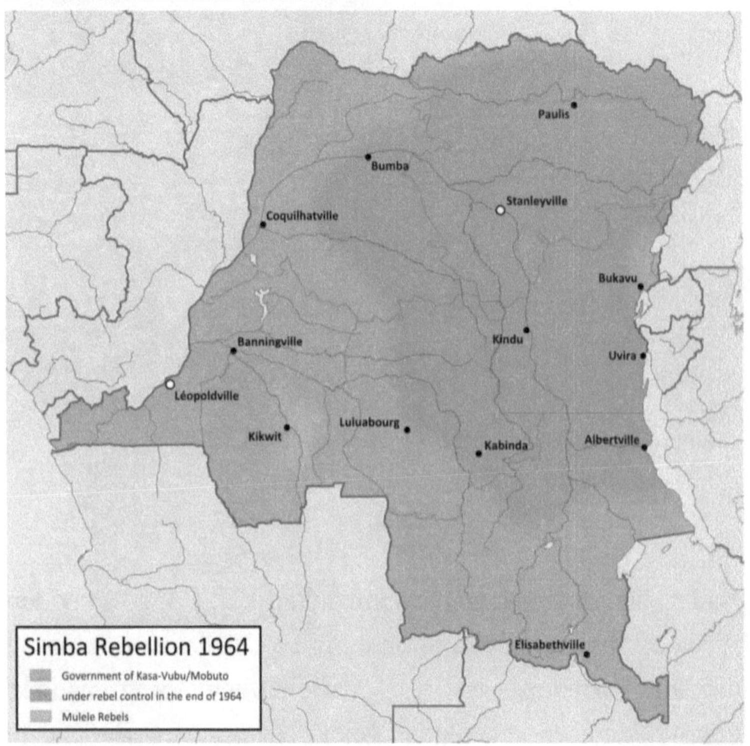

In Oktober 1963 richtten deze Lumumbisten een National
Liberation Council (CNL) op met een missie om het regime
van Mobutu te verdrijven en een nieuw Congo te creëren.
Ze werden zo serieus genomen dat de Sovjetunie hen
militaire hulp verleende. Enkele van de weinige
overlevende pan-Afrikanistische regeringen op het
continent boden ook ondersteuning. Zelfs Ernesto Che

Guevara, het Argentijnse revolutionaire icoon en tweede in bevel van Fidel Castro van Cuba, richtte een basis op in Congo om deze Lumumbisten en anti-neokolonialisten te helpen. Toen Che Guevara in 1964 schreef dat:

"We moeten vooruit gaan, onvermoeibaar aanvallen tegen het imperialisme. Van over de hele wereld moeten we lessen leren, die kunnen worden getrokken uit evenementen. De moord op Lumumba zou een les voor ons allemaal moeten zijn ... ",

hij begon het proces van de vereeuwiging van Patrice Lumumba na zijn mislukking in zijn Congo-expeditie om de Lumumbisten te galvaniseren tegen het Westerse marionettenregime van Mobutu Sese Seko wie niet alleen Congo verarmde tijdens zijn drieëneenhalf decenniumbestuur, maar wie ook werd rijker dan het land dat hij misleidde.

Hoofdstuk Fier

Op alle continenten van de wereld zijn tegenwoordig straten, parken, pleinen, luchthavens, standbeelden en andere infrastructuren in overvloed die de naam Lumumba dragen ter ere van een altruïst, een man die een meer geavanceerde vorm van burger-nationalisme omarmde, unie-nationalisme genoemd, die zich verzette tegen de verdeling van zijn land langs etnische of regionale lijnen, en die pan-Afrikanisme en de bevrijding van alle koloniale gebieden steunde, niet alleen in Afrika, maar ook in de rest van de wereld.

De erfenis van Patrice Lumumba blijft vandaag de dag een inspiratie in de Congolese politiek, omdat tientallen politieke partijen hun geloof in zijn ideeën van "Positief

Neutralisme" verkondigen, een terugkeer naar Afrikaanse waarden bepleiten en die elke geïmporteerde ideologie verwerpt, inclusief de ideologie van de Sovjet Unie:

"We zijn geen communisten of katholieken. We zijn Afrikaanse nationalisten," zei Patrice Lumumba ooit.

Pan-Afrikanisten (zij die dromen van een toekomstige Afrikaanse Economische Unie met een geïntegreerd politiek systeem en militaire structuur) koesteren de Lumumba-erfenis en plaatsen hem naast Kwame Nkrumah van Ghana, Sekou Touré van Guinee, Julius Nyerere van Tanzania en de leiders van de historische UPC-partij van Kameroen — Kameroenese leiders die werden gedood tijdens hun strijd tegen het Franse kolonialisme en het neokolonialisme dat leidde tot de eenwording en onafhankelijkheid van het land - als de iconen van het tijdperk van de onafhankelijkheidsstrijd in Afrika dat de zaden zaaide voor de Afrikaanse Unie, die nog moet worden gerealiseerd.

Op 31 Mei 1997 kwam een Lumumbist aan de macht nadat hij een volledige opstand had geleid tegen de heerschappij van de ziekelijke Mobutu onder de vlag van de Alliantie van Democratische Krachten voor de Bevrijding van Congo-Zaïre (ADFL), en met steun van Rwanda, Oeganda en Burundi en markeerden daarmee het einde van de Eerste Congo-oorlog in een prestatie die de ADFL slechts een half jaar kostte om door het land te vegen, een gebied dat iets meer dan de helft van de omvang van de Europese Unie is. Laurent-Désiré Kabila, zoals de vijand van Mobuto of de nieuwe president heette, legde een krachtige verklaring af toen hij de naam van het land veranderde van Zaïre naar de Democratische Republiek Congo, die was de naam van de Centraal-Afrikaanse natie van 1964 -1971.

Laurent-Désiré Kabila kwam niet uit het niets. In 1965 was hij zelfs de meest vooraanstaande luitenant van Patrice Lumumba na de Congo-crisis in de jaren zestig en de opstand tegen Mobutu Sese Sekou die daarop volgde. Hij werd zelfs erkend door Che Guevera tijdens zijn Congo-expeditie, hoewel de Argentijnse revolutionair dacht dat zijn Congolese tegenhanger destijds te afgeleid was en concludeerde dat hij "niet de man van het uur" was.

Hoewel de voormalige bondgenoten van Laurent Kabila (Rwanda, Oeganda en Burundi) zich een jaar later tegen hem zouden keren en een nieuwe rebellie tegen zijn heerschappij zouden steunen onder het vaandel van de Rally voor Congolese Democratie (RCD), waardoor de Tweede op gang kwam Congo-oorlog waarbij hij de controle over Oost-Congo verloor, de Lumumba-erfenis overheerste toen hij zich vasthield aan het zuiden en westen van het land met hulp van Angola, Namibië en Zimbabwe. Laurent Kabila zou op 1 januari 2001 werd neergeschoten en gedood door zijn bewaker, anderhalf jaar na de terugtrekking van alle buitenlandse troepen uit het land. De erfenis van Lumumba werd echter nooit verlaten, omdat zijn zoon, Joseph Kabila hem opvolgde en regeerde tot 25 januari 2019, toen Félix Tshisekedi de nieuwe president werd na zijn verkiezingsoverwinning het jaar ervoor. Het Kabila-team en het team van de nieuwe president hebben begin 2019 een werkende alliantie gehamerd, met als resultaat een overeenkomst voor het delen van de kast tussen de FCC die is afgestemd op Joseph Kabila en de CACH-alliantie van Tshisekedi. De coalitie heeft gezorgd voor een voortzetting van de macht van de krachten

die de positieve rol van Patrice Lumumba in de Congolese geschiedenis erkennen, zelfs als ze niet voldoen aan de normen die hij handhaafde.

Het tragische verlies van Patrice Lumumba werd het best uitgedrukt door Noam Chomsky tijdens een interview van 11 September 2013 met de gerenommeerde niet-gevestigde uitzendjournalist, syndicaal columnist, onderzoeksverslaggever en auteur Amy Goodman, wiens onderzoeksopdrachten haar naar plaatsen als Nigeria en Oost-Timor brachten . Hij zei dat:

"De moord op Lumumba, waarbij de VS betrokken was, in Congo vernietigde de grote hoop van Afrika op ontwikkeling. Congo is al jaren een totaal horrorverhaal, "

Nu wordt professor Noam Chomsky die door velen wordt beschouwd als de grootste levende intellectueel, ook gerespecteerd als een grote Amerikaanse historicus, taalkundige, filosoof, politiek activist, cognitie wetenschapper en sociaal criticus wiens beheersing van analytische filosofie benijdenswaardig is. Dus als hij teruggaat naar Congo om de benarde situatie van het land te benadrukken als slachtoffer van slavernij, kolonialisme, neocolonialisme, de koude oorlog, imperialisme en ook van globalisme, begrijpen we waarom sommige experts de geopolitieke entiteit als het verstikte hart beschouwen van Afrika waarvan de minerale rijkdommen een vloek lijken dan een zegen. Toen hij zijn publiek erop wees dat:

"Het belangrijkste mineraal in je mobiele telefoon, coltan [een zwart metaalerts], komt uit Oost-Congo. Multinationale ondernemingen exploiteren daar de zeer rijke minerale rijkdommen van de regio. Veel van hen steunen milities die tegen elkaar vechten om controle over de middelen of een deel van de middelen te krijgen."

Hij onderstreepte de reden waarom dit land dat het grootste deel van de ruimte in Midden- of Centraal-Afrika inneemt, de speeltuin is van de buitenlandse strijdkrachten die in Afrika en zijn rijke bronnen niets anders zien dan buit dat kan worden geplunderd tegen weinig of geen kosten door diegenen te elimineren die de belangen van het land en de bevolking verdedigen, en ze vervolgens te vervangen door compradors die in plaats daarvan zouden werken voor buitenlandse belangen en hun eigen belangen, tegen de belangen van hun landen en mensen.

Hij onderstreepte de reden waarom dit land dat het grootste deel van de ruimte in Midden- of Midden-Afrika is de speeltuin van de buitenlandse strijdkrachten die in Afrika en zijn rijke bronnen niets anders zien dan buit, die tegen weinig of geen kosten kunnen worden geplunderd door degenen die de belangen van het land en de bevolking verdedigen te elimineren, en ze vervolgens te vervangen door marionetten die in plaats daarvan zouden werken voor buitenlandse belangen en hun eigen belangen, tegen de belangen van hun landen en mensen.

Het is amper drie decennia geleden dat Zaïre (Congo-Kinshasa) en Kameroen de reputatie hadden de enige twee landen in Afrika te zijn waar degenen die zich opofferden voor hun bevrijding of onafhankelijkheid nooit hadden geregeerd. Dus het feit dat de Congolezen van voormalig Belgisch Congo hun leiders hebben weten te overwinnen met de slechte opstelling die door buitenlandse mogendheden was ingesteld om de belangen van deze buitenlandse machten tegen het welzijn van de Congolese bevolking te dienen, vertelt ons dat het land is gekomen een lange weg in de moeilijke reis om de verwoestingen van slavernij, kolonialisme, neocolonialisme en imperialisme om te keren, waardoor Kameroen het enige land in Afrika wordt met een onafgemaakte bevrijding die het spookland uit elkaar dreigt te scheuren, tenzij de burger-nationalisten van Kameroen handelen in een tijdige manier om het door Frankrijk opgelegde systeem te ontmantelen dat het regime van Paul Biya beheert, in wat in het algemeen de degeneratie is van deze geopolitieke entiteit die bekend staat als de microkosmos van Afrika.

Democratie-index: Afrika en de Wereld

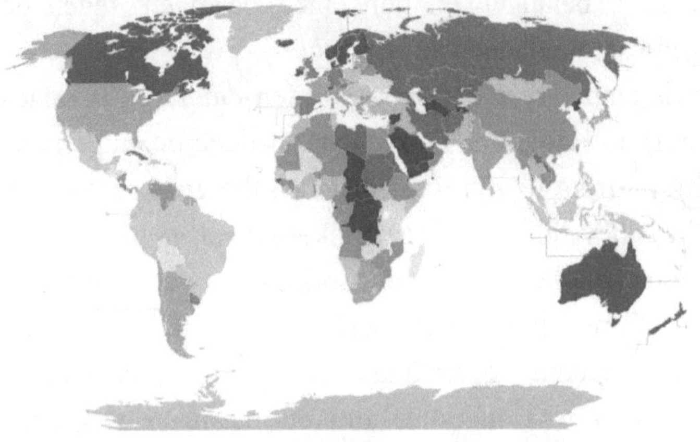

Politieke Kaart van Afrika

www.ingramcontent.com/pod-product-compliance
Lightning Source LLC
Chambersburg PA
CBHW051423250726
48655CB00003B/1205